ENQUANTO ELE NÃO DORME

DIEGO DOMINGUES

ENQUANTO ELE NÃO DORME

Labrador

© Diego Domingues, 2024
Todos os direitos desta edição reservados à Editora Labrador.

Coordenação editorial PAMELA J. OLIVEIRA
Assistência editorial LETICIA OLIVEIRA, VANESSA NAGAYOSHI
Capa AMANDA CHAGAS
Projeto gráfico MARINA FODRA
Diagramação EMILY MACEDO
Preparação de texto MAURICIO KATAYAMA
Revisão DANIELA GEORGETO

Dados Internacionais de Catalogação na Publicação (CIP)
Jéssica de Oliveira Molinari - CRB-8/9852

DOMINGUES, DIEGO
    Enquanto ele não dorme / Diego Domingues.
São Paulo : Labrador, 2024.
80 p.

    ISBN 978-65-5625-658-0

    1. Paternidade 2. Relações familiares 3. Memórias I. Título

24-3566   CDD 306.87

Índice para catálogo sistemático:
1. Paternidade

Labrador

Diretor-geral DANIEL PINSKY
Rua Dr. José Elias, 520, sala 1
Alto da Lapa | 05083-030 | São Paulo | SP
editoralabrador.com.br | (11) 3641-7446
contato@editoralabrador.com.br

A reprodução de qualquer parte desta obra é ilegal e configura
uma apropriação indevida dos direitos intelectuais e patrimoniais
do autor. A editora não é responsável pelo conteúdo deste livro.
O autor conhece os fatos narrados, pelos quais é responsável,
assim como se responsabiliza pelos juízos emitidos.

Para Luana e Vicente

> *"Penso que as chamadas falsas memórias não existem, que a diferença entre elas e as que consideramos certas e seguras se limita a uma simples questão de confiança, a confiança que em cada situação tivermos sobre essa incorrigível vaguidade que chamamos certeza."*
>
> **José Saramago**

SUMÁRIO

11 NASCIMENTO

15 VELÓRIO

21 PARTO

27 MEMÓRIA

33 ENCONTRO

39 SOZINHO

45 DESENCONTRO

53 SALTOS

67 INVENÇÃO

75 DESPERTAR

NASCIMENTO

E SE EU DERRUBAR ESSE BEBÊ? MAL NASCEU E JÁ CORRE risco de vida na minha mão. Caramba, tô tão cansado, se eu apoiá-lo no meu joelho, talvez consiga dormir sentado. Será que ele já dormiu ou só está de olhos fechados? É tão lindo. Parece comigo. Parece? Lembra a mãe. Lembra? A mãe dorme. Ou só está de olhos fechados? Talvez descansando a seu modo. O que eu faço com ele? O que ele fará com a gente? Tanto sono. Acho que vou dormir. Não caia no chão, bebê. Por favor. Prometo que amanhã te dou atenção. Mantenha-se vivo.

Enquanto equilibro meu filho no colo, um turbilhão de perguntas e memórias passa por mim. Como cheguei até aqui, o planejamento, a vontade, a certeza, a confirmação, a ansiedade, as economias, a angústia, as consultas, os exames, os remédios, a espera, o grito, o choro. O alívio.

Cada paternidade é exercida em uma singularidade impossível de ser compactada em um relato. O presente se expande, arrasta certezas, derruba convicções. Uma vida revolucionando a existência de outras, o passado reconfigurado. O filho nasce e passo a ser um pai, mesmo quando nem eu sabia que era alguém. De quem é essa foto antiga? É do meu pai quando ele era bebê. "Meu pai quando era bebê." Isso diz tanto. Meu passado agora ganha um novo referencial; meu filho, caso tenha os seus, quando olhar para a minha foto dirá: esse é o vovô bebê. Como ondas que distorcem a realidade, passado, presente e futuro entrelaçados a partir de novos olhares. Meu pai bebê. Eu fui o que ainda não sei se serei, mas mesmo assim já sou. Pensar nisso tudo me manteve acordado. O bebê ainda dorme.

O que será que passou pela cabeça do meu pai quando eu nasci? Ele estava presente? Participou do parto? Tirou foto? Não tenho esses registros; se existiram, não chegaram até mim. O que sei é a partir do que ouvi dizer; dele, nunca ouvi uma palavra sobre isso. E não dá mais para perguntar. Morreu cinco anos antes de virar avô, embora, mesmo morto, já seja. Meu filho perguntará: o que aconteceu com meu avô? Morreu. De quê? Depois te conto, quando for mais velho. Por quê? Depois. Ele verá a foto do meu pai, chamará de avô, a relação existirá, mesmo sem eles terem se conhecido. É impossível impedir, nem eu quero evitar. Evitei coisa demais envolvendo meu pai por muito tempo. Talvez, se ele tivesse ficado por mais cinco anos, conseguisse ver o neto, pegá-lo no colo. O primeiro neto. Teríamos uma foto ao menos, uma lembrança. E o que ficou então? Avô, pai e filho incomunicáveis, os dois primeiros por estarem em planos distintos, os dois últimos por não falarem, ainda, a mesma língua. Eu, parte lá, parte cá. Um elo frágil que busca dar razão e sentido para aquilo que não precisa de tanta elaboração. Apenas é.

Não precisa, mas terá. É o que cabe aqui.

VELÓRIO

MEU PAI MORREU OITO MESES ANTES DE EU COMPLETAR trinta anos. Com trinta anos, ele já tinha três filhos, eu e meus dois irmãos. Com trinta, eu não tinha filho nem pai. Um ano antes de sua morte nos vimos naquele que seria o último encontro. Não sei por que, mas decidi chamá-lo para irmos ao cinema; foi a primeira e, agora sei, única vez que isso aconteceu. Não havia premonição nenhuma, só vontade de aproximação. Marcamos num shopping, em Botafogo, ele achou que o encontro seria para compartilhar uma notícia ruim. Eu disse que não. "Com tanta gente, você foi chamar logo eu." Ele se sentia honrado com o convite; eu, no momento, não senti nada. Hoje, melancolia. A morte mexe no fundo do rio, se há mágoa, ela emerge.

Conversamos sobre a vida.

A desconstrução da figura paterna invariavelmente vai acontecer na vida adulta. O referencial inatingível passa a ser mais humano. Mesmo criança, sempre soube que meu pai era um homem falho, mas havia algo na nossa relação que dá para confundir com admiração, busca por aprovação, necessidade de acolhimento. De ambos os lados, vale dizer. Como dar o que não se tem? Como meu filho vai me perceber quando ele começar a notar o mundo?

No shopping, ouvindo meu pai falar, eu tentava entender em que ponto nos afastamos, quando foi que viramos dois adultos distantes. Ao mesmo tempo, com curiosidade, prestava atenção em seus causos. Contava animado que fez parte de um grupo que linchou um assaltante no ônibus. Descrevia o evento com emoção, rindo de boca aberta na parte em que dizia como seu tênis ficou sujo de sangue depois de machucar o alvo do povo enfurecido.

A violência faz parte das memórias que envolvem meu pai. De um jeito ou de outro ela está lá, assim como a vergonha, o medo e a dificuldade de comunicação. Mas há instantes de beleza no meio disso tudo. Há tentativas dele, hoje reconheço, de ser um bom pai. Tentativas são suficientes?

Na infância, lembro de brincar com ele, ir ao campo de futebol, soltar pipa, jogar videogame. Lembro de ameaças também, confusão, ofensa. Lembro de passeios em Paquetá, de conversas animadas sobre filmes, do olhar que incentivava de um modo que as palavras não conseguiam. Lembro da ausência e das mentiras.

Passear com meu pai era divertido. Eu ia na frente e, de vez em quando, olhava para trás. Lá estava ele. Depois desacelerava o passo para ficar ao seu lado, então andava mais devagar e deixava que me passasse. Nessa caminhada desencontrada íamos por aí. Quase sempre com meus irmãos, todos mais novos do que eu, seguindo nessa dança de idas e vindas até chegarmos ao destino, que poderia ser um terreno baldio, um supermercado ou a casa dos meus avós.

Voltando ao encontro no shopping, lembro que o filme escolhido foi um *Star Trek*. Meu pai sempre dizia que adorava *Jornada nas Estrelas* quando era criança; achei, então, que seria uma boa pedida. Comprei os ingressos, não lembro se teve pipoca. Passamos duas horas compartilhando aquele momento. Ele saiu muito empolgado da sessão, me explicava as referências, falava sobre os personagens, comparava com a série clássica de televisão. Era uma criança novamente.

Fomos juntos até o ponto de ônibus. Ele seguiria para sua casa, onde a esposa estaria esperando com seus dois novos filhos, frutos do atual casamento. Eu me despedi, a última palavra que eu disse foi "juízo!", ele riu. Dali a um ano, estaria morto.

Meu pai sempre teve uma vida desregrada, não cuidava da saúde, se arriscava. Em uma das vezes que foi parar no hospital, antes de nosso último encontro, ele disse que tomaria jeito, que os dois filhos pequenos precisariam do pai com saúde, que iria se cuidar. Eu acreditei. Acho que por isso eu disse "juízo" naquela despedida. O tempo passou, novas entradas no hospital. Na última, me recusei a visitá-lo; eu estava decepcionado, sabia que se recuperaria e, em breve, voltaria novamente para lá. Não se recuperou e não voltou, foi sua última internação, o organismo não resistiu. Até hoje não sei exatamente do que ele morreu, mas tenho quase certeza das causas.

Nunca é fácil lidar com a morte. Soube do velório e decidi vê-lo pela última vez. Dos meus irmãos, só um quis ir comigo. Entendo o que não quis. Amargos, chegamos ao cemitério, cumprimentamos rapidamente parentes que não víamos há muitos anos e seguimos para a sala em que ele estava. Nos aproximamos do corpo e a minha primeira vontade foi de cobrá-lo, perguntar por que não teve aquele "juízo" que eu pedi, por que foi tão cedo, por que não esperou só mais um pouco. Eu estava triste e desapontado. Meu irmão chorava em silêncio. Quem o visse não saberia se eram lágrimas de raiva ou de tristeza. Talvez fosse um pouco de cada. Não ficamos para o enterro, nos despedimos e fomos embora poucos minutos depois.

Mesmo agora, tanto tempo passado, não sei ainda dizer o que meu pai representou na minha vida. O que antes era julgamento hoje tenta ser compreensão, e mesmo assim ainda falta muita coisa. Meu avô paterno também era uma figura difícil, então posso dizer que meu pai foi o que foi por causa do meu avô? Até que momento realmente é possível evitar a repetição dos nossos primeiros referenciais? E, por mais que eu saiba que me esforçarei para evitar os erros que me precedem, no final das contas, que pai conseguirei ser?

Sei que é preciso refundar algum conceito de paternidade, buscar fragmentos de bons exemplos, inventar uma maneira de percorrer um caminho não pavimentado, mas automaticamente criado, com o nascimento do bebê. Sei também que meu filho não pode esperar para que eu me decida sobre o que fazer, pois sua presença é urgente e seu choro não me deixa esquecer. Mas por onde começar?

PARTO

DURANTE MESES, MINHA ESPOSA E EU ASSISTIMOS A programas sobre nascimento de bebês, quase como um ritual de fim de dia ou companhia onipresente durante o almoço de final de semana. Achávamos que todas aquelas imagens e relatos poderiam nos dar algum conforto diante da inédita experiência que nos aguardava. Havia de tudo nesses programas: bebê que nasceu no ônibus, gêmeos inesperados, o percurso da inseminação artificial, barriga de aluguel, casais que terminaram depois do nascimento do filho, parto em uma maternidade que mais parecia um hotel cinco estrelas, parto dentro de uma banheira na sala de casa... Achávamos graça em tudo.

Na primeira consulta do pré-natal, a médica disse que, provavelmente, o bebê nasceria no fim de fevereiro, dando até uma data, dia 22. Minha esposa optou pelo parto natural, então, dependendo do ritmo da gravidez, ele poderia nascer a qualquer momento perto daquele dia.

Foi uma gravidez tranquila. Até que o dia 22 chegou.

Exatamente na data indicada pela médica, o bebê decidiu nascer. Algumas contrações começaram no início da tarde. Outras mais fortes ao longo do dia, e, no início da noite, as dilatações e a respectiva dor marcaram presença de modo visceral.

Acho impossível, para um pai, ter a verdadeira compreensão do que se passa na cabeça da mãe quando parece que seu corpo está prestes a explodir. Acompanhando de perto, ouvia os gritos, observava a enfermeira acompanhando todo o processo, segurava a mão, fazia carinho nas costas, tentava encontrar alguma forma de transmitir força. Tudo inútil. Agora eram só eles dois no comando, mãe e filho tentando concluir aquele percurso: mãe quer que filho saia, filho não sabe o que quer, mas sente que seu lar ficou pequeno e precisa ocupar um mundo maior. As horas vão passando, é quase meia-noite.

Ela anda, senta em uma bola de borracha, volta para a mesa do centro cirúrgico, repete esse circuito algumas vezes. Respira como se estivesse em transe. Olhos fechados, talvez buscando algo em uma camada inacessível da existência, mas ela consegue acessar, traz consigo o que precisava e reúne toda a força que sabe que tem que ter pelos dois. O grito é ainda mais forte, veia saltando no pescoço, dentes trincados, escorre lágrima pesada. Nada disso é parecido com o que vimos naqueles programas de televisão, não há trilha sonora suave nem alguém fotografando, é tudo cru e primal. De repente, o ambiente se dobra sobre ela, tudo desacelera, a luz rareia, o entorno é distorcido por sua força. Nasce o bebê. Não chora. Não deveria chorar? Não é assim nos filmes? Susto passageiro, uma das médicas faz um movimento com o dedo nas costas dele e o choro vem, seu primeiro ato de comunicação, a mãe chora também e admite: "achei que não fosse conseguir". Eu sabia que conseguiria, nunca duvidei. Conheço a mãe do meu filho.

No processo de planejar o parto, além de assistirmos a programas sobre o assunto, pesquisamos sobre o tema de modo quase obsessivo. Obviamente, fizemos acompanhamento médico mês a mês, muita ultrassonografia e inúmeros testes para ver a evolução do feto. Mas não foi o suficiente. Também gastamos muito tempo vendo vídeos, filmes, visitando páginas de gente séria e também de gente desequilibrada; encontrando em cada fonte, canal, *influencer* ou especialista pontos de vista e opiniões muitas vezes contraditórias. Percebi tarde demais que fóruns on-line sobre maternidade são a perigosa combinação de pessoas angustiadas querendo ajuda e pessoas pouco confiáveis querendo provar verdades. Recomenda-se manter uma distância segura.

Nessa busca incessante por informação, esbarramos em termos que só aumentavam nossa ansiedade sobre a logística que envolve o nascimento de uma criança. De parto humanizado a hora dourada, muitas foram as expectativas criadas. Novamente, descobrimos do modo mais objetivo possível que a realidade se impõe para além dos desejos e, é claro, dos conselhos da internet.

Quando chegamos ao hospital, a sala de parto humanizado estava ocupada; fomos para o centro cirúrgico. Após o nascimento, a pediatra de plantão quis logo fazer os testes nele, medir, pesar e tudo mais que envolve a análise nesse primeiro instante de vida. Nada de momento mãe e filho, nada de hora dourada. Depois de ser virado do avesso, ele foi vestido com uma manta, recebeu uma toquinha e foi levado para o berçário; eu fui atrás, enquanto a mãe ficava recebendo os cuidados necessários.

Primeiros minutos, os três separados. O bebê no berçário, o pai atrás de uma parede de vidro, a mãe em outro espaço levando pontos. Nos encontraríamos só duas horas depois.

Sem celular, passamos esse tempo incomunicáveis. Ela sem saber se o filho estava bem e eu sem ter como avisá-la que estava apenas esperando alguém para levá-lo para o quarto. Tempo para pensar.

Pelo vidro, eu ficava encarando aquele ser. A cor era uma mistura de rosa, cinza, roxo e amarelo, os olhos grandes observavam tudo ao redor, o espanto inaugural que, de tão avassalador, não deixa espaço nem para o choro; ele era apenas a curiosidade primitiva de alguém que, depois de meses boiando em água morna, é arremessado para o mundo além-útero. Nesses primeiros minutos, que logo virariam horas, fiquei caçando traços nele. Será que já dá para dizer que é parecido com alguém? Em breve, dentro da madrugada, quando eu estiver equilibrando seus três quilos no colo, acharei lindo, por enquanto só acho misterioso.

Nesse momento, se havia alguma possibilidade de frustração pelo planejamento não ter combinado com a realidade, ela logo se desfaz. Meu filho está ali. Vivo, bem, hiperagasalhado, de luvinhas, mole, vivo, levemente gosmento, olhos atentos, algum cabelo, vivo. Meu filho.

MEMÓRIA

ANTES DA CHEGADA DO BEBÊ, NUNCA HAVIA ME INTERES-sado pela história do meu nascimento. Como foi a gravidez de minha mãe, se eu fui planejado ou um acaso, se meu pai foi presente, nada disso atraía curiosidade.

Também nunca fui atrás de saber sobre meus primeiros meses e anos de vida. Acho que minhas primeiras memórias começam por volta dos três anos. Estou em um terreno baldio, brincando de escorregar em um barranco, estou na sala da casa de algum parente, vejo pernas adultas passando por mim, a televisão brilha em algum canto, há palhaços cantando. Essas talvez sejam as memórias mais antigas. Depois dessas, as próximas, pertencentes aos quatro anos, já são mais nítidas. Estou em um sofá assistindo a alguma série japonesa na Manchete, estou no maternal, choro no primeiro dia de aula, me acostumo, às vezes estou brincando no pátio, às vezes com medo de alguma coisa. Em casa, brinquedos, televisão, um cachorro, meus avós e minha mãe. Meu pai aparece pouco.

Com o nascimento do meu filho, duas e opostas curiosidades rapidamente se manifestaram. Primeira, como foi quando eu era algo parecido com ele? Segunda, quem ele será quando se parecer comigo?

Sou professor e, muitas vezes, ao entrar em uma nova turma, seja do sexto ano, com alunos na faixa dos doze anos, seja no ensino médio, com adolescentes, eu costumava imaginar como me comportaria se, na idade deles, estivesse naquela sala. Como o tímido sentado na última carteira? Talvez como o comunicativo cercado de colegas? Quase sempre a resposta mais verossímil é que eu seria o distraído desenhando no canto do caderno ou aquele empolgado falando de Pokémon.

Digo tudo isso, pois, a mesma mudança que meu filho provocou no meu interesse pela minha primeira infância, provocou no modo como agora olho para pessoas mais jovens. Ele é o novo ponto de partida. Entro numa turma e penso: se meu filho estivesse nessa sala, como ele agiria? Seria popular? Introvertido? Por qual matéria se interessaria mais? Será que repetiria de ano? Qual faculdade vai fazer? Vai fazer faculdade?

Ele nasceu ontem, mas hoje já tem dez anos; passou muito rápido, agora ele está com vinte anos, trinta, mais alguns anos, pronto, agora meu filho recém-

-nascido tem minha idade. E eu, pela conveniência e incoerência dos devaneios, mantenho os anos que tinha quando ele nasceu.

Eu puxo conversa, ou ele que inicia, não faz diferença, e falamos sobre a vida. Ele quer saber como foi quando nasceu. É a primeira vez que me pergunta isso, deve ser porque está pensando em ter um filho, ou já teve. Eu digo que foi tudo muito intenso e especial. Os melhores adjetivos que consigo pensar para descrever de modo compacto o que foram aqueles meses iniciais. E depois?, ele quer saber. Depois o quê?, eu questiono. E depois que eu nasci, depois dos primeiros meses, como foram os primeiros anos? Como foi quando comecei a andar, a falar? Como foi a entrada na escola, a alfabetização? Como foi quando meu primeiro dente caiu? E quando comecei a querer sair sozinho? Como foi quando comecei a namorar? Quando eu entrei na faculdade, o que você sentiu? E quando me casei? E depois, pai? Fico em silêncio.

Meu filho adulto imaginário parece desapontado. Ele acha que tem tanto direito de querer saber sobre sua vida quanto eu tenho de especular sobre ela. Explico que, na verdade, ele mal existe. Existe enquanto projeto, mas ainda não é, acabou de começar a ser. Ele entende, pois é hipotético, mas compreensivo.

Em seguida, ele pergunta sobre a minha vida. Se o futuro do filho, obra em andamento, é inalcançável pelo presente, o passado do pai é acessível, basta procurar. Começo a escavar memórias, conto de conversas que tive com minha mãe, agora sua avó. Pelo que entendi, explico, meu pai não teve maturidade para lidar com a gravidez da esposa, afastou-se. Depois que nasci, ele voltou. Minha mãe contou que ele era um bom pai, tentava ser. Carinhoso, presente, feliz, realizado. Mas houve recaídas. Às vezes sumia, voltava, era inconstante. Depois nasceram meus irmãos, comportamento parecido. Presença insuficiente nos momentos de necessidade.

    E sua infância, adolescência?, questiona o curioso filho. Foi boa, digo. Só isso?, ele insiste. Sim, foi boa, tenho boas recordações, algumas nem tão boas, mas consigo reconhecer, em cada canto de memória, a presença de minha mãe lutando para que tudo desse certo. Tentando do seu jeito, do modo que podia. Assim como eu também tentava. Tentava entendê-la, compreender as dinâmicas familiares, ajudar como era possível, me entender também, moldar uma identidade, um modo de lidar com o mundo, tentava fazer meu melhor. Aliás, como estou tentando agora com você. Ou como tentei, já que você já é adulto, enfim, por motivos óbvios, o uso dos tempos verbais é confuso nesse nosso diálogo, mas você entendeu, estamos sempre tentando e, às vezes, conseguindo alguma coisa. Ele sorri.

Nos despedimos, ele volta a ter trinta anos, depois vinte, e a cada retrocesso vai ficando mais diferente de mim, agora tem dez anos, alguns meses, dias, horas de vida. Está na incubadora. Ainda espera alguém que o leve para ver sua mãe, enquanto, pelo vidro, tenta entender o que significa aquele olhar concentrado do pai.

ENCONTRO

UM FUNCIONÁRIO CHEGOU, É HORA DE SUBIR PARA O quarto. Sigo o itinerário do carrinho que transporta o bebê pelos corredores do hospital. Não lembrava que estava tudo tão vazio quando cheguei. O tempo novamente passa de modo pouco confiável, no elevador subimos dez, vinte, talvez cinquenta andares em uma velocidade absurdamente lenta; embora eu tenha certeza de que foram menos de três, a sensação vale mais aqui do que a realidade. Pode ser que eu ainda esteja naquele elevador, subindo e esperando o reencontro.

Na porta do quarto, o bordado feito pela mãe com o nome do bebê. Abro a porta, vejo que a TV está ligada, mas é só para que alguma massa sonora ocupe o espaço e deixe tudo menos solitário. O funcionário sai do quarto e agora somos só nós três. Pela primeira vez, nos olhamos como pai e mãe de um recém-nascido.

Esse é um daqueles outros momentos em que a realidade não vai casar com a expectativa. É uma boa chance para pensarmos sobre a noção de família que se expande nessa nossa nova configuração; para alguma declaração, palavras de conforto, de suporte. Mas não é bem isso que acontece. Só nos olhamos cansados. Como se tivéssemos chegado ao final de uma maratona já com a certeza de que uma nova se aproxima. O troféu está dormindo e nós dois conversamos um pouco sem usar palavras.

Faltam algumas horas para amanhecer, o bebê não dá sinais de que acordará, então tentamos dormir, fingindo que ainda ocupamos uma vida anterior. Ela não consegue descansar pelo alto nível de adrenalina, eu deito no sofá para me recuperar, esperando que o sono traga alguma resposta para as perguntas que ainda nem comecei a fazer. Ouvimos um choro.
Transcorrido um tempo que não foi calculado por ninguém, o bebê acorda chorando com raiva, sacode as luvas nas mãozinhas translúcidas, exigindo alguma coisa que talvez nem ele saiba o que é. Ninguém sabe de nada nesse quarto. Eu penso nas respostas sem perguntas, o bebê chora pedindo o que não entende, e minha esposa olha para tudo com a calma de quem também tem suas dúvidas, mas se permite a plenitude das mães recém-nascidas.

A verificação da fralda acaba sendo o caminho mais óbvio. Se for considerar a experiência com meu irmão caçula, lá se vão mais de trinta anos desde que troquei uma fralda pela última vez. Ainda que fralda suja não devesse render menção, acho que neste momento vale tudo. Cada instante tem aquele esplendor que logo será massacrado pela rotina que nos aguarda. Enquanto tudo ainda é novidade, até a fralda pode protagonizar seu pequeno momento. Está suja com lodo, parece uma amostra de pântano, tem cor verde muito escura, consistência pegajosa, algo bem diferente do que esperava vindo de um ser que nem chegou ainda a se alimentar em ambiente seco. Depois saberei que o nome dessa substância é mecônio, trata-se de tudo aquilo que o bebê ingeria enquanto boiava no líquido amniótico. Lembro do aquário na casa de minha sogra, dos peixes expelindo tripas de fezes, enquanto nadavam tranquilamente de um lado para o outro. Achava curioso, pois nunca tinha parado para pensar naquilo até presenciar a situação. Tal como aconteceu com o bebê. Incontrolável associação de memórias por causa do sono que já começa a pesar. Fralda limpa, bebê de volta ao berço.

A manhã ainda vai custar para chegar, o bebê vai chorar novamente. E mais uma vez. E depois outra. Ninguém vem ajudar. Deve ser uma orientação do hospital, só oferecer ajuda se os pais pedirem, do contrário deixem que aprendam a lidar com o filho deles. Tentamos pegá-lo no colo, ninar; a mãe tenta amamentá-lo, funciona, depois não funciona. Ele cochila, torna a acordar. E assim a madrugada segue. É aqui que tento equilibrá-lo no colo para poder dormir, não dá certo, ou talvez tenha dado.

Tenho algo parecido com um sonho, em que me vejo derrubando o bebê no chão, e o susto impede que o descanso seja pleno. É uma modalidade de sono que só pais, mães e talvez soldados em zona de guerra conhecem. Dormir sem fechar totalmente os olhos, sonhar com o que está acontecendo à sua volta, ouvir choros que ainda não aconteceram, tudo isso mantendo a vigilância numa simulação de sono profundo.

Amanhece. Em um dos despertares, olho pela janela e vejo que o dia já está chegando, o bebê está calmo e uma bandeja com o café da manhã chega. Depois da batalha pela sanidade na madrugada, encontramos conforto em tomar um café com leite fraco, dividir um pãozinho com manteiga de sachê e assistir pela TV um problema qualquer com o transporte público do Rio.

Na correria da última noite, não avisamos para nenhum parente ou amigo que estávamos indo para o hospital. O comunicado só ocorreu há poucos minutos, já com tudo resolvido. Foi melhor assim, lidar com nossa ansiedade foi o suficiente. Minha mãe consegue aparecer para visitar o primeiro neto.

 É engraçado pensar nesse momento, pois é um dos menos vivos em minha memória. Consigo lembrar com detalhes do cheiro do meu filho, da primeira vez que olhei minha esposa nos olhos após o nascimento do bebê, da vertigem de sono enfrentada na madrugada, mas lembro pouco do meu encontro, já na condição de pai, com minha mãe. Sei que um neto era algo desejado com paciência esperançosa, que havia nela o temor de nunca viver essa experiência, ao mesmo tempo que também já havia algum grau de conformidade com a possibilidade de essa vontade acabar não se realizando. Aceitação que lhe permitiu, inclusive, adotar nossos dois gatos como quase netos, simulando, certa vez, ninar um deles como faria com um bebê humano. Há um vídeo registrando essa cena de humor involuntário. Mas o neto veio. Foi cuidadosamente abraçado pela avó, ninado em seu colo durante toda a eternidade que cabe em alguns minutos, admirado, reconhecido, beijado, abençoado. Era um sonho realizado conhecendo uma das que mais o sonhou.

 Depois que minha mãe se despede, ficamos aguardando a visita da médica que dará alta para que possamos ir para casa com nosso filho. Falta pouco para sairmos. É o que pensávamos.

A médica chega acompanhada de uma auxiliar, nos cumprimenta, segue para o bebê, faz verificações de praxe, elogios protocolares, menciona o freio da língua dele, que precisará ser cortado em alguma cirurgia futura, comenta como o corpinho está amarelado, analisa os dados sobre o parto, novos diagnósticos e conclui: ele precisará ficar na UTI. Dali a algumas horas, minha esposa e eu voltaremos para casa sozinhos. Poucas horas após nos encontrarmos, uma nova separação.

SOZINHO

A AUSÊNCIA PATERNA ME CERCA POR TODOS OS LADOS. Não há pai e não há avô, nem materno nem paterno. Sou o último pai de meu lado da família. A falta de referência não assusta, mas provoca pensamentos que talvez não tivesse se pudesse contar com algum deles ao meu lado. Embora saiba que, mesmo vivos, tal apoio fosse improvável.

Desses homens todos, meu avô materno foi quem morreu há menos tempo, o que não faz muita diferença, pois já não nos víamos mais. As circunstâncias do afastamento compõem a parte menos importante do relato; fato é que, mesmo quando morávamos juntos, sua figura sempre representou uma referência confusa para mim. Todos os três, os dois avôs e o pai, representaram referências difíceis de assimilar, e acho que só agora consigo ter clareza plena dessa situação; por isso disse que o apoio deles, ainda que vivos, não seria algo com que eu pudesse contar com absoluta certeza. Vamos aos avós.

Meu avô e minha avó maternos representavam um casal típico de moradores idosos do subúrbio. Eram religiosos, mas sem muita fidelidade a denominações específicas; quando criança, fui com eles em igrejas batistas, católicas, evangélicas e outras mais que me fogem agora. Eram apegados ao conceito de família, mas não poupavam críticas aos parentes, tanto aos próximos quanto aos distantes. Gostavam de receber os netos em casa, preparar comida, brincar, mas também mentiam sobre promessas, inventavam eventos para justificar decisões arbitrárias e mudavam versões de histórias dependendo da conveniência. Enfim, avós típicos.

A parte da invenção das histórias é o que mais me marcou desde muito cedo. Logo percebi que as narrativas de meus avós não eram confiáveis. No começo, achava que era estratégia para tornar a vida menos monótona, mais interessante, mais mágica, uma maneira de fabular para os netos; com o passar do tempo, passei a achar que a fabulação poderia ser só mentira maldosa mesmo, me incomodava a maneira como exageravam a própria pobreza ou como criavam malfeitores para justificar suas escolhas de vida.

Com o passar do tempo, passei a acreditar que nem era maldade ou mentira, era algum tipo de patologia.

Acho que eles acreditavam mesmo nas próprias histórias, a invenção não era para os netos, mas para eles. Se foi uma forma de sobreviver a uma vida realmente dura ou um modo de evitar conflitos e culpar os outros pelas próprias escolhas, eu já não sei. Foi com essa última versão que fiquei deles. Personagens que se criaram e se esqueceram da realidade.

Nessa dinâmica, meu avô representava a metade mais frágil. Sua passividade era reforçada por minha avó, que o inferiorizava sempre que podia, destacava sua fraqueza, sua lentidão, criava para ele sintomas de doenças inexistentes; a presença dele era tolerada com mais ou menos empatia, eram companheiros de caminhada, cúmplices em alguma medida, mas não dá para dizer que havia amor.

A partir desse referencial, sempre me aborreceu a forma como meu avô se comportava. Imagino que hoje tudo possa estar um pouco diferente entre os mais jovens, mas, como um menino comum de minha geração, eu ansiava por um referencial masculino de força moral, alguém que tivesse respostas ou soubesse onde procurá-las, um porto seguro no qual poderia me projetar ou usar como ponto de partida. Busquei esse referencial em toda parte de meu avô materno e no caminho encontrei um sujeito às vezes carinhoso, às vezes distante, muitas vezes silenciado, sem muitas expectativas, planos ou vontades próprias. Extraí o que pude e segui viagem. A vida, com suas imprevisibilidades e ironias, fez com que minha avó, tão forte, morresse primeiro. Meu avô, talvez não aguentando a falta de direção, foi-se pouco tempo depois.

Do lado paterno, a relação entre meus avós não era muito diferente. Era o lado da família com a qual tive menos contato. Morei boa parte de minha infância, adolescência e início da vida adulta próximo de meus avós maternos, às vezes na mesma casa; mas com meus avós paternos a relação era de uma visita por mês, alguns momentos de conversa, atualizações sobre amenidades ou menos do que isso.

Meus avós paternos traziam também marcas de sua geração. Moravam em um subúrbio do Rio de Janeiro, mas sustentavam uma postura burguesa que não sei de onde tiraram. Eram muito econômicos, comedidos nos movimentos, secos nos comentários. Minha avó tinha uma doçura de mulher frágil e vaidosa, meu avô era quase uma antítese agressiva do que eu encontrava no outro lado da família; falava pouco, mas era firme nas palavras, passava a sensação de que não gostava de receber visitas, enquanto também tentava não ser desagradável. Fazia brincadeiras das quais eu não achava muita graça, parte por não entender, parte por me sentir desconfortável mesmo. Aqui a ordem da despedida foi ao contrário. Primeiro foi meu avô, subitamente, sem muito tempo para despedida. Minha avó, agora sozinha, foi se despedindo de si, ficando mais triste, mais perdida. Partiu em alguns meses.

Pensando nas imagens paternas que tenho dos pais de meus pais, aí estão as referências: um avô presente, mas sem muita voz; um avô com alguma voz, mas distante. Sei que meus irmãos podem ter uma leitura completamente diferente da minha, eles eram ainda muito novos, então a percepção pode ser mais lúdica, ou quem sabe eu é que estou tentando dar alguma densidade de onde não conseguiriam tirar muito. No final, o que fica é um misto de constatação e questionamento: será que só conseguimos boas referências familiares através da invenção? Será que todo mundo é quebrado mesmo e não dá para exigir muito?

Nesse redemoinho, o mais cruel é saber que as memórias de meus avós vão embora com a minha geração. Meu filho saberá muito pouco sobre seus bisavós; talvez, se não quiser, não saberá nada. O mesmo aconteceu comigo. Só sei o nome da minha bisavó materna. Dos outros, nem nome. Não sei sobre suas vidas, conquistas, lutas, derrotas, vitórias, nada. Um triste apagamento, tão rápido, de tantas existências. Sem eles, é claro, eu não estaria aqui, mas o que realmente ficou dos que me precederam? Meu modo de ver a vida tem algo deles? Algo do gênio de algum bisavô está em mim? Se eu sequer convivi com boa parte deles, dá para dizer que trago algo além da contribuição genética?

    Nessa hora volto ao meu filho, quando penso sobre o que vou deixar com ele. Provavelmente seus netos não saberão quem eu fui, o que fiz por ele, não saberão das noites em claro, dos momentos de cansaço e desespero, da emoção quando ele me reconheceu pela primeira vez, da felicidade em vê-lo aprendendo a andar, a falar. Provavelmente nunca saberão o quanto torci por ele nem o quanto foi amado, mesmo com todos os erros cometidos em nossa trajetória juntos. Mas talvez tenha sido assim comigo também. E é com todo mundo. Meu bisavô pegou meu avô no colo, com certeza sorriram em vários momentos; meus avós alimentaram seus filhos, provavelmente passaram noites acordados ouvindo minha mãe e meu pai, recém-nascidos, chorarem a plenos pulmões. De tudo isso, os bons momentos, assim como os maus, ficaram. Todo mundo fez o que pôde com as ferramentas que tinha e todos seguiram.

    Então, se não há retorno, diálogo, nem reencontro possível, eu sigo daqui com as ferramentas que chegaram até mim e com as que terei que forjar sozinho. Até que alguém invente outro, esse é o único caminho que sobrou.

DESENCONTRO

LOGO DEPOIS DA SENTENÇA DA MÉDICA, FICO SABENDO que meu filho tem icterícia, uma condição bastante comum em recém-nascidos, nada grave. Basicamente o que acontece é que o organismo do bebê ainda não está maduro o suficiente para eliminar com rapidez a bilirrubina, substância formada quando o fígado remove glóbulos vermelhos velhos do sangue. Por ter um pigmento amarelado, quando há acúmulo dessa substância, o bebê acaba ficando com a pele e os olhos nessa mesma cor, todo amarelo.

Antigamente, os recém-nascidos eram levados para casa mesmo assim; recomendava-se que eles fossem colocados no sol, pois, em alguns dias, melhorariam. Tenho até fotos minhas e de meus irmãos, bebês pelados, expostos numa cadeira na varanda. Eram outros tempos. Hoje a recomendação é deixar o bebê em observação na UTI, fazendo fototerapia.

A imagem não é agradável e não é exatamente o que você imagina que estaria vendo nas primeiras horas de vida de seu filho. Lá está ele, dentro da incubadora, uma caixa de acrílico com seis buracos redondos por onde passamos a mão para tocá-lo; está deitado em um colchãozinho menor do que um travesseiro de adulto, seus olhos estão vendados para protegê-los da luz ultravioleta que irradia de um conjunto de lâmpadas logo acima de seu corpo. Há um sensor ligado em seu pé, uma fita de identificação no braço e um grampo no resto de cordão umbilical, que ainda não caiu, tudo banhado por luz roxa. O entorno desse espaço será onde passaremos parte dos próximos dias, olhos no bebê amarelado, ouvidos nos sinais emitidos regularmente pelos aparelhos da UTI e coração em algum lugar desconhecido.

Esse episódio chamou minha atenção para a tal solidão paterna, me alertando de que, em outras situações de insegurança e desconhecimento perante a criação de um filho, eu terei que encontrar meus caminhos sozinho. Digo sozinho, é claro, com cuidado para não menosprezar a importância de quem está ao meu lado ou próximo de mim nessa trajetória.

O afastamento temporário do meu filho recém--nascido também reativou pensamentos intrusivos que tive durante a gestação. Enquanto minha esposa estava grávida, cheguei a pensar sobre a morte do bebê.

Acho impossível que qualquer pai ou mãe, seja de primeira viagem ou experiente, não pense acidentalmente sobre a perda de seu filho. É inevitável. Pensamento assustado, permeado por pavor, culpa, ansiedade e expectativa triste. É como se, no medo de perdê-lo, tentasse antecipar uma tragédia para que, psicologicamente, pudesse ter tempo de me preparar para algo que, de tão absurdo, vai contra a ordem natural dos eventos. Essa perda não é apenas morte, pode ser um sequestro, um desaparecimento no shopping, na praia; mais velho, esse sentimento deve permanecer, pode ser um acidente de trânsito ou um assalto com final trágico.

A livre associação de ideias vai emendando uma situação mais perturbadora que a outra, em uma espiral de desconforto alimentada pelo receio de uma despedida inadmissível. E tão rápido aprendi que isso, também, é ser pai.

Nos primeiros meses de gravidez, período de insegurança, quando esperava para ver se meu filho iria vingar, pensava no que aconteceria conosco caso o perdêssemos. No cenário imaginado, me vi triste, mas, sinceramente, achava que, em algum tempo, a vida seguiria e poderíamos tentar de novo. Agora que ele nasceu, que o conheci, mesmo sem ainda poder dizer que sinto amor por ele, penso que, se o perdesse, eu me perderia também e não sei se conseguiria achar o caminho de volta.

A invenção do amor pelo filho é assunto delicado. Percebo isso pelo olhar de quem espera de mim declarações entusiasmadas e recebe pouco. Pode ser que as pessoas com quem já falei sobre paternidade sejam mesmo mais emocionadas ou estejam tentando compensar alguma coisa; pode ser que eu, de alguma forma, esteja tentando ser cauteloso. A verdade é que não é fácil amar de imediato. E nem precisou ser.

Há uma demanda a ser cumprida, uma responsabilidade contraída. Um ser nasceu por nossa causa, alguém sem nenhum meio próprio de independência. Está lá, com a boca faminta de quem até há pouco era alimentado por um cordão ligado ao estômago, olhar brilhante e pouco nítido, além dos demais órgãos dos sentidos, em uma elétrica confusão de estímulos.

Por ser uma relação muito intensa e cansativa para todos os envolvidos, vai ver que chamar de "amor" seja uma forma de adocicar tudo, trazer leveza para um caos de muita exigência, nenhuma retribuição e imprevisibilidade a todo instante. Não foi nosso caso, não chamamos de amor, aceitamos o afastamento provisório e voltamos para casa com o colo vazio.

Na lista de expectativas quebradas, posso colocar a chegada ao apartamento depois do parto. Quando saímos no meio da noite para o hospital, tranquei a porta pensando que, quando ela fosse aberta novamente, seria para que o novo morador-bebê entrasse nos meus braços, fosse colocado em repouso no sofá, onde ficaria sendo admirado tanto pelos dois humanos responsáveis pela sua vida quanto pelo casal de gatos desconfiados que já moravam ali muito antes de ele sequer ser um plano. Na nova cena, quase tudo está igual, falta apenas o bebê.

Como já relatei, há momentos muito vívidos em minha memória sobre boa parte das horas de trabalho de parto. A mãe começou a sentir contrações fortes no final da tarde, fomos para o hospital por volta de 20h, 23h50 o bebê nasceu. Desse recorte de tempo, consigo lembrar de quase tudo. Depois disso, a memória fica pouco confiável e começa a dar espaço para a invenção e as lacunas. Um desses trechos pouco nítidos é aquele ocupado pelos quatro dias que ficamos em casa longe do nosso filho.

Na rotina combinada, alternaríamos a visita à UTI. Um indo pela manhã, outro indo pela tarde, ambos se encontrando no horário do almoço.

Em uma maternidade, a UTI acaba abrigando diferentes casos no mesmo espaço. Há os mais triviais, como o nosso, mas há também situações mais graves, bebês com baixo peso, com infecções, prematuros, com malformações ou quaisquer outros distúrbios que demandem maior atenção.

Enquanto acompanhava o bebê, olhava ao redor e observava a rotina daquele ambiente; em cada incubadora uma mãe ao lado, às vezes um pai, sempre muita esperança e otimismo, mesmo diante dos casos mais sérios. Mães e pais chegando cedo, outros também revezando, alguns dormindo no local e indo embora muito tarde, alguns indo embora cedo, pois tinham outro filho esperando em casa. Havia um clima de companheirismo, pois todos ali sabiam como era difícil enfrentar aqueles dias torcendo pela recuperação de alguém que nem sequer sabe onde está.

Lembro de um dia em que cheguei e, como de costume, fui lavar as mãos, retirar a aliança, ritual para entrar na UTI. Ouço a conversa entre três pessoas, um pai, uma mãe e um médico. O casal está tenso, o médico tenta acalmá-los e rapidamente a tensão vira alívio. Não disfarcei a curiosidade e logo fiquei sabendo do que se tratava aquela conversa: uma avó, ao pegar o neto no colo, acabou acidentalmente derrubando-o no chão. Os pais, desesperados, levaram o bebê para o hospital e, depois de uma bateria de exames, souberam que não houve nenhuma sequela, mas que o bebê ficaria mais um pouco em observação para terem certeza. A parte que peguei da conversa foi justamente esse final, do médico acalmando os pais.

Outro evento provocando novas reflexões e confirmando algumas conclusões. Ter um filho é ter medo. Medo do imprevisível, principalmente. Mesmo com todos os cuidados durante a gravidez, nosso bebê nasceu com uma condição que exigiu quase uma semana de UTI; não foi grave, mas poderia ter sido. Ainda que tivéssemos saído do hospital com ele no primeiro dia, o que poderia ter acontecido no caminho? E em casa? E no colo de algum parente? E no futuro? O que tem lá no futuro? Por enquanto, só mais dias passando e o bebê desamarelando.

Se o ambiente da UTI, com suas cores e cheiros, está gravado na memória, o tempo que passávamos em casa é borrado. Não lembro como ocupávamos as horas sabendo que nosso filho estava a quilômetros de nós, isolado em sua incubadora iluminada. Devo ter dormido a maior parte do tempo, pois com certeza lembro que não conseguia me concentrar em nenhuma leitura nem assistir nada. Seja como for, o tempo passou e recebemos a mensagem de que ele teria alta.

Também não lembro bem da despedida da UTI; vou dizer que acho que agradeci ao trabalho das profissionais dali, me despedi apressadamente dos outros pais e mães, pedi um Uber e segui com minha esposa e uma enfermeira para a saída, levando o bebê em um berço com rodinhas.

No carro, tentávamos processar toda a definitiva mudança de vida, o caminho sem volta. A presença dele torna tudo ainda mais palpável, olhamos para nosso bebê, que dorme, tranquilamente, sereno, todo pura paz. Ele está conosco e vai para casa! Depois desse primeiro choque, daqui pra frente, acreditamos que tudo vai ser mais tranquilo.

SALTOS

UM MÊS.
O que eu fiz com a minha vida? Não tem volta. Meu Deus! Como vai ser agora? Eu tinha tantos planos, tanta coisa pra fazer. Ele não dorme de jeito nenhum. Tá pior do que na primeira noite; lá, pelo menos, era tudo novidade; dessa vez, repetição interminável. Vi na internet que o bebê se acalma com ruído branco. Pega o celular, vamos procurar uma *playlist* com esse ruído, tem um monte no YouTube. Pronto, deixa o celular do lado do travesseiro dele, deve funcionar. Não funciona. E agora? Outra ideia: vamos revezar. Não dá mais para os dois dormirem juntos na cama ao lado do berço. Ele sente que estamos por perto e chora. Deve ser essa a explicação, ele sente o cheiro. Vamos dormir no sofá. O sofá é duro, tem uma madeira que me divide em dois. Coluna toda ferrada. Licença-paternidade acabou. Amanhã tenho que trabalhar.

O que é pior? Ter uma semana de licença e alternar entre trabalho e cuidados do bebê ou ter seis meses de licença e viver inteiramente em função dele? Pelo menos trabalhando consigo oxigenar a cabeça, sair de casa, ver algo além do rosto dele, ouvir mais do que seu choro. Volto para outro round de cansaço. Segunda etapa. Cansaço sobre cansaço. Ninguém oferece ajuda. Oferecem? Estamos totalmente sozinhos. Também não peço ajuda. Será que ninguém ajuda porque não peço? Pedem fotos, perguntam como ele está. Pedem mais fotos. Pedem vídeo. Perguntam novamente como ele está. Novas mensagens. Querem outra foto. Eu ofereceria ajuda para cuidar de um bebê se não pedissem? Girando no berço, gritando, chorando, querendo ser amamentado. Talvez, se nós gritássemos e chorássemos, conseguiríamos aliviar um pouco a tensão. Não há energia nem pra isso. A vontade que dá é de enfiá-lo numa gaveta e sair correndo de casa. Minha esposa tem a mesma vontade. Ninguém precisa ficar sabendo. Vamos fugir só por uma hora. Ele estará seguro dentro da gaveta. Vamos deixá-la um pouco aberta para entrar ar. Estamos correndo pelas ruas, fugindo. O choro vai ficando mais abafado, mais longe, longe. Continuamos correndo, ninguém entende, olham torto, a cidade vai ficando pra trás, tudo sumindo, diminuindo, diminuindo, sumindo. Silêncio.

Silêncio quebrado pelo choro do bebê que nos acorda de nosso curto sonho compartilhado.

Alguém diz que é assim mesmo no começo. Depois melhora, os primeiros meses são difíceis, mas depois o bebê aprende que está fora do útero e se regula, aprende a dormir melhor. Procuro na internet alguma informação que corrobore o intrometido comentário. Acho um termo: exterogestação. Continuo lendo e descubro a teoria de um antropólogo inglês que diz que até o terceiro mês de vida o bebê ainda acha que está no útero, logo, caberia aos pais recriar o ambiente uterino para aumentar o conforto do filho e permitir que ele se desenvolva adequadamente.

É isso! Daqui a algumas semanas, alguns meses, no máximo, ele vai aprender as novas regras de convivência. Bebês são lentos. A luz intensa, alimentação por nova via, oscilações de temperatura, necessidade arbitrária de vestuário, nada disso foi suficiente para ele entender que algo mudou. Precisa de mais tempo. Como começamos tão limitados e chegamos ao ponto de criar ciência, foguetes, bombas, poesia? Vamos esperar mais um pouco. Não pode demorar tanto.

TRÊS MESES.
Nada mudou. O mesmo choro. A mesma demanda infinita. Ele ainda acha que está no útero? Eu quero voltar

para o útero. Vamos voltar para algum útero e deixá-lo aqui do lado de fora, talvez funcione. Já entramos em estágio de delírio. Não dá para os dois dormirem no sofá. Vamos tentar algo diferente, nova estratégia, vamos revezar. Depois que eu chegar do trabalho, tomo um banho, um café e fico com ele no sofá, de vigília. Como você acorda mais cedo, você vai dormir mais cedo, sozinha no quarto por seis horas. Ok? Ok! Vamos tentar a técnica do charutinho, o bebê fica amarrado em uma manta bem justa, já que ele ainda acha que está no útero, vamos simular essa sensação para ver se ele se acalma. Indicação da pediatra. Bebê amarrado, posicionado no ninho, em cima do sofá. Eu acordado, vendo TV, lendo algo no celular. Até 3h ou 4h da manhã. E aí? Conseguiu dormir sozinha? Dormiu bem? Não? Ok. Já dei a mamadeira com o leite que você tirou mais cedo, ele acordou cinco vezes. Minha vez de tentar dormir. Daqui a seis horas nos falamos. Ela não liga a TV, não pega o celular, fica ao lado do bebê, atenta-sonâmbula no sofá, esperando o amanhecer, que só virá em algumas horas. Ficamos assim por muito tempo.

SEIS MESES.
Acho que estou emagrecendo numa velocidade pouco saudável. Minha esposa também está, mas nela faz

mais sentido, pois está sendo literalmente drenada pelo bebê. Quando algumas roupas começaram a ficar largas, notei que eu estava deixando as refeições em segundo plano. É tanto foco no bebê que todo o resto vai ganhando desimportância; um almoço vira lanche rápido, a janta vira biscoito e o café desce apressado pela manhã.

A alimentação desregrada e a falta de sono vão deixando suas pegadas. Comecei a trabalhar num novo colégio só há alguns meses, o que exige de mim foco para conseguir me apropriar de toda a linguagem institucional, mas estou na maior parte do tempo disfarçando o cansaço e fingindo interesse nas pessoas. Assuntos aleatórios, burocracias, fofocas, tudo passa por mim, enquanto me vejo como um fantasma que desliza pelos corredores e retém só o essencial.

O fingimento tem funcionado, já que as turmas, na maior parte do tempo, demonstram interesse no que tenho a dizer e tenho conseguido cumprir os compromissos profissionais sem sobressaltos. Por sua vez, a exaustão tem sido útil para atenuar minha reação aos comentários desnecessários; em estado normal de consciência, talvez fosse mais reativo, mas agora apenas ouço, aceno e digo um "pois é": quando virá o próximo bebê? Filho é tudo de bom, né? Não pode demorar muito para ter o próximo! Só se conhece o amor verdadeiro quando se tem um filho! Se não tiver outro, o seu filho vai se sentir sozinho. Cansado? É só aproveitar as sonecas dele para dormir também. Eu sinto falta até do choro do meu filho. O tempo passa rápido! Você vai sentir falta dessa época. Quem tem só um não tem nenhum.

Não sei se as pessoas realmente pensam antes de compartilhar esses comentários ou se estão só retransmitindo aquilo que ouviram quando tiveram os seus, tal como um vírus verbal. De tudo que ouvi nesse período, um foi especial. Depois de mais uma noite acordado, saindo de casa pela manhã sabe-se lá com que força, ansioso para voltar logo, pois minha esposa ficaria sozinha com o bebê pelas próximas oito horas, eu chego, quase transparente, ao colégio e ouço de um colega: você deveria fazer academia, sabia? Musculação te faria bem. Dou um leve sorriso, que faz a paisagem do meu rosto trincar, e digo, mais uma vez: pois é.

NOVE MESES.
Igualamos o tempo de gestação ao tempo de vida. Nove dentro, nove fora. Era para ter algum significado especial? Representa algum marco? Ainda não sei, mas sei que continuamos tentando encontrar, no meio dos escombros do que sobrou da gente, uma forma de criar uma rotina minimamente digna de vida. Ainda dormimos separados, alternando as escalas

para que pelo menos um esteja acordado enquanto o bebê dorme.

Instalamos uma câmera no quarto, pareamos com um aplicativo e agora conseguimos deixá-lo sozinho e acompanhar pelo celular como ele está. Pela primeira vez em muito tempo, estamos na sala, com a luz acesa, conversando sobre tudo até este momento.

Daqui a pouco, ela vai dormir no sofá, sem interrupções do bebê até amanhã cedo. Eu durmo no quarto com ele, acordando vez ou outra para trocar fralda, ninar, acalmar e colocar de volta para dormir. Lá pelas 5h da manhã, ele acorda de vez e vai para a mãe, enquanto tento dormir mais um pouco até o horário do trabalho.

Nesses meses, encontrei versões pouco conhecidas de mim. Passei a me sentir intolerante. Em uma das madrugadas, ambos acordados, depois de voltar nervoso do quarto por causa do choro interminável, dei um chute em um dos gatos que miava estridente. Minha esposa pediu calma, um abraço, súbito arrependimento. O animal nos olhou confuso, não entendendo o ato violento. A impaciência se alastrava por todas as frestas, eu tentava ao máximo blindar o bebê dos meus sentimentos revoltados, ninava aquele corpinho com a calma de um pai aflito, enquanto por dentro tudo rodopiava em sangue quente, às vezes o ninar se descompassava e rapidamente percebia que estava indo rápido demais, parava, me afastava, respirava fundo e voltava.

Uma armadilha desse período, e que se estendeu por muitos meses, foi tentar encontrar algum padrão de comportamento que pudesse ser replicado e nos garantisse alguma segurança na rotina. Acho que hoje ele dormiu melhor, o que foi que fizemos ontem? Que horas colocamos para dormir? Quanto ele mamou? Que roupa usava? Vamos fazer tudo igual, o resultado deve ser o mesmo. Não era. O dia era outro. Sem explicações, ele passou a dormir bem em uma semana para, com igual falta de nexo, voltar a dormir mal na semana seguinte. A obsessão em rastrear pistas de uma fórmula que atenuasse o desespero dos primeiros meses deu lugar a uma resiliência de quem já não espera quase nada, só que os dias passem.

Não foram poucas as vezes que buscamos alguma alternativa que desse conta das dificuldades de sono do bebê. Nosso humor ia sendo corroído dia a dia, enquanto cada um tentava dar forças para que o outro carregasse seus cacos, afinal, haveria um novo dia pela frente e não teria como saber o que nos esperaria.

Passamos por três pediatras e até uma autointitulada profissional do sono foi consultada. Não resolveu muita coisa. Nesse trajeto, um comentário que marcou foi de uma pediatra que disse que os pais são as melhores pessoas para saber o que fazer com o bebê;

ela disse também que, se ele está chorando muito e temos certeza de que está tudo bem, não precisamos atendê-lo imediatamente, podemos deixar chorar um pouco, assim ele se acalma sozinho. Fizemos isso algumas vezes e acho que nunca esquecerei a cronometragem mais alta que atingimos.

Começamos aos poucos. Ele chora, vamos para o quarto, pegamos no colo, acalmamos, berço de novo. Alguns minutos, outro choro. Agora esperamos um pouco, acompanhamos pela câmera, chora, chora, rola e chora, desesperado. Um de nós entra no quarto, repetimos o ritual. E assim vamos. Um dia, depois de muitas idas e vindas, muitas tentativas para acalmá-lo, decidimos deixá-lo chorando até que parasse sozinho. Então esperamos...

Espera sem esperança, só cansaço e remorso antecipado. Olhos na câmera. Cinco minutos se passaram e nada. Nenhum dos dois conseguia ficar parado, ficamos andando pela sala, bebi um copo d'água sem tirar o olho da tela. Seis, sete, oito minutos. Bracinhos agitados, olhos fechados, boca escancarada. O que estamos fazendo com ele? Dez minutos. Nenhum dos dois ameaçava entrar no quarto. Nós nos consultamos pelo olhar e resistimos, se chegamos até aqui tentando de tudo, vamos ver se isso resolve. Estamos criando um trauma nele? Onze minutos. Já não era para ter parado de chorar? Será que tá passando mal?

Acabamos de sair do quarto, ele está bem, está seco, está alimentado, o quarto está fresco. O que pode ser? Doze minutos, treze. Catorze. Ele parou.

Depois de catorze minutos chorando, ele se desativou. Nós dois encaramos aquela situação, derrotados e piores do que quando começamos. Depois desse dia, nunca mais tentamos a abordagem de deixá-lo chorando até que parasse. Preferimos insistir no acolhimento, ainda que pudesse ser um erro. Se tudo dá errado, vamos pelos erros que não fazem com que nos sintamos tão mal.

DOZE MESES.
No sábado será a primeira festa de aniversário do bebê! Um ano passou com a velocidade de exatos doze meses, nem um dia a menos. Ele começou a andar há uma semana, já frequenta a creche há alguns meses, se alimenta de sólidos, bebe água sozinho, "água" foi sua primeira palavra, reconhece e nomeia os gatos, balbucia termos secretos, sílabas desencontradas, fonemas que escapam e formam sentenças incompreensíveis. O que falta de vocabulário é compensado pela expressividade de suas caretas, testa franzida, olhos arregalados, boca que quer morder o mundo. Pede colo, diz mais "não" que "sim", ainda chora bastante, faz pirraça, sorri, brinca, me chama de pai.

Pelas palavras, e também na falta delas, nos comunicamos, cada vez mais, cada vez melhor. Seus ruídos acionam o pai e a mãe, que estão quase sempre a seu dispor. Às vezes ele até inverte os nomes, chama mãe de pai e vice-versa, e os dois atendem do mesmo jeito. Tanto faz, ele deve pensar, talvez esses dois sejam um só, uma entidade que foi partida ao meio para facilitar o cumprimento das tarefas que me envolvem.

Por tudo isso, admiro ainda mais os casais que continuam juntos após o primeiro filho, principalmente aqueles que não tiveram uma rede de suporte; me impressiono com quem diz que ter filho é uma forma de melhorar o casamento, e ainda acho uma loucura quem decide ter mais de um. Como pode? Pela sobrevivência da espécie, deve existir um dispositivo na mente humana que impede a lembrança viva e real do que é atravessar os primeiros meses de um bebê. A romantização, aquela já mencionada, distorce tudo, neutraliza o desconforto, faz a angústia parecer só preocupação de iniciante. Sobrevivemos, saímos com hematomas, algumas fraturas, mas fortalecidos no combate que travamos contra todos os eventos dispostos a nos esmagar no processo inicial de criação de um filho.

A festa de aniversário de um ano, portanto, representa um ritual que marca a sobrevivência emocional do casal que por muitos meses esteve imerso no bebê, tudo por ele, para ele. Decidimos, poucos meses antes, compartilhar a felicidade desse momento com alguns amigos e poucos familiares. Minha esposa se preocupa com a decoração, quer que tudo esteja em ordem, bem organizado, passa a noite esticando toalhas nas mesas, arrumando enfeites, lembrancinhas. Nosso bebê terá uma festa com tema "fundo do mar"; era onde eu sentia que estava no começo disso tudo, preso a uma âncora, afundando mais a cada braçada; mas agora a temática é só uma brincadeira com o signo do aniversariante, nosso peixinho.

Enquanto os convidados chegam, cumprimentos aqui e ali, minha esposa e eu nos olhamos com cumplicidade, admirando tudo que se desenrola em volta; pessoas rindo, o bebê caminhando trôpego pelo salão, vai para o colo de um, de outro, latinha de cerveja na minha mão, a música ao fundo, tudo leve, tudo alívio.

Por causa do cansaço, depois da festa, o bebê dormirá cedo, mas continuará acordando várias vezes; sono que só se estabilizará dali a oito meses, quando também voltaremos, minha esposa e eu, a descansar com alguma dignidade, exatos vinte meses depois do nascimento dele. Por enquanto, nesse momento da festa, evitamos as expectativas e já não nos afligimos tanto, aceitamos o que nos convém e exercemos a gratidão por tudo que nos trouxe até aqui.

Festa encerrada, todos já foram, fico sozinho organizando pensamentos, ainda matutando sobre essa paternidade difícil de explicar. Nisso, deixo escapar a falta que senti de alguém. Uma pessoa que jamais poderia estar aqui, pois já não está mais em lugar algum. Ainda assim, sua ausência, de modo contraditório, pesa e não consigo evitar de pensar: o que ele diria?

INVENÇÃO

"QUANDO MEU FILHO DISSE QUE TERIA UM FILHO FIQUEI feliz demais. Caramba! Eu avô e ainda por cima de um menino. Não me aguentava... Ao mesmo tempo comecei a ficar cabreiro, revivendo quando ele nasceu e como eu me comportei naquele período. Faz tempo, mas lembro bem como foi. Vou voltar um pouco e contar do início; vai ser rápido, mas acho necessário.

Sou filho temporão; não sei se ainda falam assim, mas é quando você meio que nasce sem querer, muito tempo depois do casamento dos pais, com outro filho já. Minha irmã é treze anos mais velha do que eu. Soube que mamãe queria muito ter um menino e fez até promessa para São José, mas não tive curiosidade para saber exatamente o que os levou a ter outro filho depois de tanto tempo, se houve planejamento ou foi obra do acaso.

O que sei é que desde pequeno, apesar de ser bem protegido e até mimado, me sentia deslocado na família, às vezes como se fosse um estorvo para todos ou como se esperassem muito de mim, mas eu não conseguisse atingir as expectativas. Não sei, era uma sensação, coisa que a gente sente de dentro e não controla nem explica direito, só sente!

Lembro que, na fase de menino pequeno, me interessava por muitas coisas, gostava de conhecer o funcionamento de tudo, explorar, descobrir, tudo despertava curiosidade. É verdade também que não conseguia me concentrar por muito tempo em nada, a atenção flutuava, quando eu achava que estava pensando numa direção, logo as ideias iam para outro canto. Foi assim, debaixo de uma goiabeira, curioso, apanhando sem saber por que, atento a tudo, que eu vivi toda a melancolia que pode caber numa infância.

E aí o tempo foi passando, eu ficando moço, conhecendo o mundo, descobrindo todo tipo de coisa, coisas boas, ruins, de tudo. Na escola, era regular, era inteligente para o que me interessava e fugia do que chateava. Alguns professores eram um cacete, então matava aula sem pena, saía para fumar, jogar fliperama, ficar de bobeira.

Meu pai era rígido, brigava, minha mãe também não dava trégua, cobrança em cima de cobrança. Muita regra, muita religião, muita disciplina. Eu tentava não decepcionar, mas parecia que nunca agradava. Acho que depois de um tempo larguei de mão, deixei pra lá. Fui então vivendo do meu jeito, seguindo o que achava certo, vacilando no caminho, corrigindo a rota, errando de novo e depois tentando remendar. Era essa a vida.

Lá pelas tantas conheci a mãe dos meus primeiros filhos. Tudo meio por acaso. Ela estudava inglês em um lado da rua, eu cursava enfermagem do outro lado. Conversa vai, conversa vem, interesse mútuo brotando, um baile no clube recreativo aqui e outro ali. Sei que depois de um tempo começamos a namorar e menos de dois anos depois já estávamos casados. O meu primeiro menino veio logo depois.

Não foi planejado, verdade seja dita, mas tanto faz, a felicidade foi imensa! Acho que felicidade maior só agora que descobri que serei avô! Se é para dizer tudo, vou dizer que, depois de um tempo de gravidez, comecei a ficar desconfortável. O corpo grávido de minha mulher me afastava, não sabia lidar com todas as transformações, demandas, mudanças.

Fui imaturo, eu sei, mas eu ainda era muito garoto, mal tinha completado vinte anos! Meu filho tá tendo o seu filho pra lá dos trinta e tá todo angustiado. E eu? Vinte anos, sem faculdade, sem pé-de-meia, sem teto, sem emprego estável. E lembra do que contei sobre a minha criação? Pois é, tem tudo isso junto aí. Não tô justificando, mas tô dizendo como foi.

Achei melhor, então, me afastar, sumi um tempo. Ela tinha os pais, sei que a relação deles não era das melhores, mas desamparada não ficaria. Voltei quando o menino nasceu, aí sim. Meu filho no colo! Cabelo pretinho, miúdo, magro, parecia um filhote de gato. Como eu gostava daquela sensação de carregar ele no colo, ficava olhando, olhando, agradecendo. Seria minha motivação para me tornar uma pessoa melhor, certeza de que um filho faria isso por mim.

Mas a vida é tormenta, não se controla, não se prevê, não se aprisiona, só vai. Não tenho tempo para relatar tudo o que rolou depois. Fiz o meu melhor, de verdade, juro por Deus. No nascimento dos outros filhos, também me afastei, depois voltei. Traí confiança, não cheguei junto, inventei histórias, mas me arrependi várias vezes e tentei compensar. De algum jeito tentei.

Não me engano e sei que meu filho não me vê como um bom exemplo, como referência de muita coisa. Mesmo agora, com ele já adulto, dono de sua vida, sinto que tem muito ressentimento, decepção talvez, sei lá. Vez ou outra nos falamos, a conversa geralmente corre bem, papo bom que poderia ser mais frequente, mas é que esqueço de ligar, de mandar mensagem. Quando lembro é para pedir alguma coisa e aí é complicado, porque sinto na voz dele a frustração. Nunca liga e, quando liga, é para pedir alguma coisa? Pois é, não faço por mal, é porque sou assim e já nem sei se tem como mudar, se dá pra mudar. E não culpo ninguém, contei aí um pouco sobre minha vida só para partir de algum lugar, para as ideias não ficarem tão largadas, mas é tudo culpa minha mesmo ou de Deus, sei lá. Vai ver é sina, é algo preso de outra vida, mas, ser for assim, aí já não tem a ver com Deus, é outra linha de pensamento. Acho que tô me enrolando, vou voltar pro neto.

Meu filho me ligou assim que sua esposa deu à luz! Fiquei muito espantado; nove meses passaram muito rápido, achei que só nasceria em maio, mas foi agora, final de fevereiro. Corri pro hospital! Até pensei em pedir pra ele me enviar um táxi pra eu chegar mais rápido, mas achei que seria abuso demais. Fui de ônibus, demorei, mas cheguei, cheguei a tempo de ver o bebê ainda dormindo no quarto.

Fiquei um tempo parado na porta, só olhando para a cena; estava todo sem jeito, mas como é que se desenvolve jeito para esse tipo de situação? Meu filho me olhou de um modo bem terno, como não me olhava há muitos anos, quase um olhar infantil, como se dissesse 'tá tudo certo, pai, vem conhecer seu neto'. Pelo menos foi isso que eu entendi, pois ele não disse nada, só ficou lá me olhando, meio sorriso no rosto; parecia bem cansado, talvez não tivesse dormido bem.

Fui andando bem devagar, cada passo um receio que eu tentava expulsar da cabeça: não é hora para ter medo de nada, supere tudo e vá ver seu neto, depois os conflitos, os discursos, as desculpas, agora é a primeira e última vez que você vai vivenciar isso desse modo, é inédito, confiança, homem!

Meu filho, enfim, falou: 'Bom dia, pai. Esse é o Vicente!'

Meus olhos se encheram de lágrimas, essas não consegui controlar. Meu Deus, um neto! Quando eu achei que isso seria possível? Depois de tudo, a vida ainda me presenteia, nessa altura do campeonato, com um neto. 'Oi, Vicente! Sou eu, seu vovô.'

Encostei minha mão na mãozinha dele, fiquei admirando aquele serzinho, recordando quando passei por isso na posição agora ocupada pelo meu filho. É muita emoção!

Depois me sentei no sofá e meu filho colocou seu filho no meu colo. Peguei com todo o cuidado, como se carregasse o bem mais precioso de todo o mundo. E era exatamente isso. O bem mais precioso que jamais existiu nas minhas mãos. Acho que fiquei pouco tempo com ele nos braços. Antes de devolvê-lo, deu tempo de olhar com máxima atenção para aquela cena de que eu tive o privilégio de fazer parte: três sujeitos interligados, um avô-pai, um pai-filho e um filho-neto. Tudo bonito, de marejar a vista.

Precisei sair para o casal descansar e receber outras visitas. Não queria atrapalhar. Dei um grande abraço no meu filho, beijei sua cabeça e dei os parabéns pelo bebê. Ele agradeceu. E foi assim que nos despedimos."

Se eu pudesse reescrever a história, seria assim que marcaria minha despedida do meu pai. Nada de sessão de cinema nem de uma despedida descompromissada em um ponto de ônibus. Eu esticaria sua linha do tempo por mais seis anos, relevaria tudo, faria questão de que ele acompanhasse o desenvolvimento da gravidez, avisaria sobre o nascimento do bebê.

Depois da despedida, ainda ligaria, enquanto ele estivesse por aqui, para contar como tudo estava indo, enviaria fotos, vídeos. Quer ele respondesse ou não, quer ele pedisse ou não. Eu saberia que, em breve, nos falaríamos pela última vez, já que os anos adiados precisariam ser devolvidos.

Na falta das habilidades de manipulação do tempo, o que me sobra é esse exercício agridoce de projeção de um discurso que eu conheci muito bem, voz ausente, mas que ressoa na minha paternidade em construção.

DESPERTAR

A RUA VAI FICANDO EM SILÊNCIO, PRÉDIOS APAGAM SUAS luzes, passa uma moto, som de garrafa quebrando, ruídos na calçada. De vez em quando meu filho acorda, vem para o meu colo, damos algumas voltas pela sala, vamos para a rede, os dois oscilando pelo ar em alguma noite quente de verão. Com mais nitidez, olho para ele, que está se aconchegando em mim e se sentindo seguro, ou pelo menos é como eu gostaria que ele estivesse se sentindo.

Em todas essas vezes, enquanto ele não dorme, aproveito e vou refletindo sobre minha nova condição. Cada despertar, um fragmento de capítulo, uma digressão, uma viagem a um ponto da minha vida, saltos para o passado e para o futuro, diálogos com a memória de meu pai e comigo enquanto pai. Aproveito também para lembrar daquele dia de fevereiro que mudou tudo, lá se vão quase dois anos. A tensão entre Rússia e Ucrânia aumentava, o Carnaval começaria em poucos dias, a covid-19 ainda era assunto em capas de jornal e teríamos eleição presidencial no fim do ano. Naquele dia, a relevância de todos os eventos foi alterada; se alguma estrela explodiu em um ponto distante da galáxia, se uma nova guerra mundial aparecia no horizonte ou se revoluções científicas estavam prestes a acontecer, eu já não me importava tanto; passei a ter uma nova prioridade, um imperativo de vida que reorganizou todo o resto do mundo à minha volta.

Na dança noturna, bebê e eu pela casa, também sou pego novamente lembrando do meu pai. Recentemente, tenho sonhado bastante com ele; deve ser porque estou chegando ao final do livro e, por isso, fico acordando memórias distantes, mexendo em fotos antigas, buscando dar uma coesão para tudo o que escrevi até aqui, organizando o texto e ordenando os sentimentos, os pensamentos e seus vazios.

A madrugada prossegue, assim como as semanas e meses. Em algum momento, próximo das 2h, eu vou dormir, já sabendo como serão os próximos dias. Se é dia útil, eu me levanto um pouco depois da minha esposa, que já está com nosso filho na sala, música infantil tocando, desjejum terminando, eu ainda acordando, mas já reconhecendo a presença deles como o primeiro registro de todas as minhas manhãs; depois o levaremos para a creche e cada um seguirá para seu trabalho. Se é final de semana, o começo do dia é parecido, mas, em vez da creche, sairemos para dar uma volta pelo bairro, levá-lo para pegar sol, ver pombos na rua, caçar folhas e gravetos pelo caminho.

No final das contas, longe de querer esgarçar conceitos difíceis, talvez o amor seja isso. É saber o que vai encontrar e ainda assim se surpreender, é querer a repetição entendendo que ela também traz novidades, saber que há algo inédito em cada manhã em que estamos juntos. Apesar de previsível, nunca é igual, não tem como ser. Olho para ele, vejo como brinca, como interage com a mãe, como vai se complexificando, moldando seu discurso, sua personalidade, e tudo causa alumbramento.

Uma nova manhã começa, depois de tantas outras. Dessa vez, acordei minutos antes do menino, deu tempo de vê-lo levantando, imagem rara, geralmente ele é quem nos acorda. Está um pouco sonolento, senta-se na cama, coça o rosto, olha em volta, desgrenhado e confuso, até que nos reconhece, abre um sorriso e diz "bom dia". Minha paternidade, sonolenta, confusa e desgrenhada, também olha em volta, identifica tudo, calibra suas expectativas para mais um dia, se reconhece e se justifica no olhar do meu filho, desperta.

FONTE Crimson Pro
PAPEL Pólen Natural 80 g/m²
IMPRESSÃO Meta